学年別 漢字童話シリーズ2

楽しく読んでスラスラおぼえる

2年生の漢字童話 星のおくりもの

井上 憲雄

本の泉社

はじめに

◆漢字指導の難しさ

小学校の学習指導のなかで、もっとも指導が難しいものの一つに漢字の指導があります。その原因はたくさんあるのですが、主なものとして、三つの原因があると思います。

まず、一つ目は、教えなければならない漢字の数が多く、それに見合うだけの授業時間数が確保されていないということです。

学年配当漢字の数

1年生	…80字
2年生	…160字
3年生	…200字
4年生	…200字
5年生	…185字
6年生	…181字

現在小学校で指導することになっている漢字は、一〇〇六字となっています。上の表（「学年別漢字配当表（平成元年制定）」）からもわかるように、三年生、四年生はもっとも多く覚えなければならず、一・二年生と比べると、習熟率がぐんと下がります。（四年生ごろから五〇％に落ち込むという調査結果もある）

高学年になると、積み残してきた漢字を復習させながら、さらに新しい漢字を指導しなければなりません。しかも、国語の授業時間数は低学年より大幅に少なくなります。そのため、漢字の習熟は家庭での学習によるところが大きくなります。したがって、習熟の程度に大きな個人差が出てしまうのです。

漢字指導の難しさのもう一つの原因は、教科書にあります。国語の教科書は、漢字を指導するために作られたものではないため、どうしても無理があるのです。

物語や説明文のなかに出てくる漢字は、何度も読むため覚えやすいのですが、文法や言葉の指導などの小単元で出てくる漢字は、短文のなかで目にするだけで、あまり印象に残りません。しかも比較的多くの漢字が、こういう形で出てきます。

そのため、どうしても機械的な反復練習に終始することになり、漢字学習に興味をもてない子どもたちが出てしまうのです。

　三つ目は、単元ごとに新出漢字を学習することになっているため、その単元ではよく覚えているようでも、何ヵ月かすると忘れてしまうということが起きてきます。当然のことです。そのため、一学期の復習や学年の復習のテストのでき具合が、極端に悪くなってしまうことが起こるのです。

　配当漢字の多い三年生・四年生でこのようなことになると、小学校を卒業する段階では、なかなかこれを取り戻すことは難しくなってしまいます。

◆『漢字童話』の誕生

　以前、特別支援学級で、K君という四年生の子どもさんを担任しました。このK君は、五歳児程度の知的発達といわれていましたが、とても学習意欲があり、本が好きでした。でも、漢字が読めないため、本を開くことはできても読んで楽しむことはできませんでした。

　がんばって漢字学習に取り組み、一年生の漢字は何とか読めるようになりましたが、二年生の漢字は、一度読めてもすぐに忘れてしまいます。そのため、そこから先へ進むことができませんでした。

　そこで考えたのが、覚えさせたい漢字を入れたお話（漢字童話）を作り、これを読みながら楽しく覚えさせるという方法でした。

　漢字童話ができあがると、K君は目を輝かせて喜びました。その日から毎日、いっしょにお話を読んでいきました。すると、あれだけよく忘れていた漢字をスラスラと読むことができました。K君は、一月半で二年生の漢字一六〇字をすべて読めるようになりました。そして、三年生の漢字も読めるようになりたいという意欲を見せました。

　急いで三年生の漢字童話を作って、またいっしょに読みました。するとまた一月半で全部の漢字を覚えました。

　K君はこうして次々に新しい童話を読み、新しい漢字を覚えていきました。そして、六年生の秋には、小学校学習漢字一〇〇六字をすべて読めるようになったのです。

◆『学年別 漢字童話シリーズ』

その後、通常学級でも使える本にしたいと思い、この『学年別 漢字童話シリーズ』を作りました。このシリーズでは、漢字の代表的な読みは童話のなかで覚え、それに関連してほかの読み方と書き方の練習ができるようにしました。

これまで担任した学級で何度も使ってみましたが、どの学級でも子どもたちの方からすすんでページをめくってくれました。お話にとても興味をもってくれた子どもたちもいます。学期末や学年末の漢字の総復習テストでは、すべての学級で九〇%から九五%の習熟率でした。

本書は、このように、実践を通して試行錯誤のなかで生まれたものです。先生方、保護者の皆様のお力により、有効にお使いいただければさいわいです。

本書の構成と使い方

この本は、三つのステップで構成されています。

第一ステップ **お話を読もう！**

まず、お話を読むことからはじめます。このステップで、その学年で習う漢字の代表的な読み方を学習します。

音読したり黙読したり、または、友だちや親子で一文ずつ交代で読んだりしながら、新出漢字を読めるようにしましょう。

すらすら読めるようになったら、太字の新出漢字だけを拾い読みしてみてください。

第二ステップ **「読み」をたしかめよう！**

お話に出てくる順に、漢字だけを取り出してならべてあります。下のひらがなをかくして読んでみましょう。第一ステップがしっかりできていれば、すぐにできるはずです。

もし、読めない漢字があれば、第一ステップにもどって、その漢字が使われている文を繰り返し読みます。それから、もう一度このステップにもどってください。

第三ステップ

「読み」「書き」の練習をしよう！

最後のステップです。ここではいろいろな漢字の読み方と書き方の練習をします。

まず、漢字の「読み」を練習し、それから「書き」の練習をします。何度も音読してすらすら読めるようになってから「書き」の学習をはじめてください。筆順に気をつけてていねいに書きましょう。

最後に、見開きのページでテストをします。何度もノートに書いて、正しく覚えていきましょう。

本書は、光村図書出版の教科書にあわせて漢字を三つのグループに分けています。（一年生は二つ）
お話の「第一章」には、一学期に学習する漢字、「第二章」には二学期の漢字、第三章には三学期の漢字を使いました。
この光村図書の教科書をお使いの方は、学期ごとに学校の勉強とあわせて学習できるようになっていますので、有効にお使いください。

もくじ

カバーイラスト　辻ノリコ
本文イラスト　辻ノリコ
井上憲雄

♪ だい1ステップ

おはなしをよもう！

　このステップでは、「星のおくりもの」というおはなしをよみます。

　たのしくよみながら、２年生でならう漢字《かんじ》のよみかたをみんなおぼえてしまいましょう。

　スラスラよめるようになったら、ふとじの漢字だけをひろいよみしてみてください。

　これができたら、つぎのステップへすすみましょう。

一　お父さんのプレゼント

高い山に　のこった雪が、よく晴れた　春の陽《ひ》に
かがやいています。やわらかい　南の風が　二年三
組の　まどのカーテンを　ゆらしました。
子どもたちは、友だちと　おしゃべりをしながら、
つぎの　国語のじゅんびを　していました。
そのなかに、ペットの　犬の話を　している子が
いました。
けんじ先生は、それを聞いていて、ふと　思い出
した　ことがありました。それは、むかし　かって
いた　犬のドンのことでした。

高《たか》い　雪《ゆき》　晴《は》れ
春《はる》　南《みなみ》　風《かぜ》
組《くみ》
友《とも》だち
国語《こくご》
話《はなし》
聞《き》く　思《おも》い出す

「おい、みんな、今 ペットの 犬の話を してい
た人がいるけど、先生も 犬を かっていたこと
が あるんだ。」

「えっ、それ どんな犬?」

「しば犬で、名前を ドンと言うんだ。」

「あははは…。先生、どんくさいから ドンなの?」

「まあ、そんなところかな。」

「先生、もっと ドンのこと 教えて!」

「よし、それじゃあ ドンの話を してあげよう。」

こう言うと、先生は、こんな お話を はじめました。

今《いま》
名前《なまえ》
教《おし》える
言《い》う

―小学校二年生のけんじは　一人っ子でした。いつも　本を読んだり、絵をかいたりしていて、外であそぶことは　ほとんどありません。そのため、色が白く、手足も細くて　ひょろひょろでした。

お父さんは、けんじが　もっと元気で　強い子になるようにと、日曜日には、近くの池で　いっしょに　魚つりをしました。夏休みには　二回も三回も海へ　つれて行きました。

お母さんも、けんじの体のことが　とても気になっていました。

そんなある日のことです。お父さんは　会社からもどるとすぐ、けんじをよびました。

一人《ひとり》
読《よ》む　絵《え》　外《そと》
色《いろ》
細《ほそ》い
お父《とう》さん　元気《げんき》
強《つよ》い　日曜日《にちようび》
近《ちか》く　池《いけ》
魚《さかな》つり　夏休《なつやす》み
二回《にかい》　海《うみ》　行《い》く
お母《かあ》さん　体《からだ》
会社《かいしゃ》

「けんじ、ちょっとおいで。」

「うん、何？」

「お前、犬を　かってみないか？」

「えっ、本当！　かうかう、ぼく、犬、大すきなんだ。」

「おっ、そうか、犬　すきなのか。それは知らなかった。」

「犬を買って　くれるの？」

「いや、お父さんと同じ会社の人

何《なに》

お前《まえ》

本当《ほんとう》

知《し》る

買《か》う

同《おな》じ

が　犬をもらってくれる人を　さがしているんだよ。しば犬で　ドンというそうだ。」

「わあ、やったー！」

けんじは、とびはねて　よろこびました。

「お父さん、犬、いつもらえるの？」

「すぐ　もらえると思うよ。」

「でも、犬小屋《ごや》は　どうするの？」

「ああそうだな。じゃあ、これから　ホームセンターに行ってみようか。」

「うん。行こう、行こう。」

二人は、歩いて　近くのホームセンターへむかいました。夜風が　気もちよく、空にはもう、月が明

思《おも》う

二人《ふたり》　歩《ある》く

夜風《よかぜ》　明《あか》るい

るく　かがやいていました。
　広い店内には、まだ多くの　買いものきゃくがいました。お父さんは、店の中を歩きながら、木切れやペンキを　買っていきました。
　つぎの日は　土曜日でした。けんじは、朝早く、小鳥のさえずりで　目をさましました。そして、いそいで　お父さんをおこしました。
　お父さんは　けんじにおこされると、さっそく、紙とえんぴつを　出してきました。そして、小屋《こや》の形を書いて、そこに　点線や数字を　書きこんでいきました。それから、木を切って　組み立てていきました。その間、けんじは　わくわくしながら　見

広《ひろ》い　店内《てんない》
多《おお》く　買《か》いもの
店《みせ》　木切《きぎ》れ
朝《あさ》
小鳥《ことり》

紙《かみ》
形《かたち》　点線《てんせん》　数字《すうじ》
書《か》く　切《き》る
組《く》み立てる

ていました。
小屋《こや》の形が　できあがると、黄色と黒の　ペンキをぬって　ついに　新しい犬小屋《ごや》が　かんせいしました。
二人は、この犬小屋《ごや》を　うら門のそばに　おきました。
つぎの週の　月曜日のことです。お父さんは、やくそく通り、犬をもらってきました。
げんかんに　出てみると、きれいな毛の　しば犬が　太いしっぽをふって　立っていました。
おそるおそる　ドンの体を　さわってみました。
ドンは、黒い　まん丸な目で　けんじを見つめまし

その間《あいだ》
黄色《きいろ》　黒《くろ》
新《あたら》しい
うら門《もん》
週《しゅう》
やくそく通《どお》り
毛《け》
太《ふと》い
黒《くろ》い　まん丸《まる》

た。

　けんじは、いそいで、お肉を　もってきて、ドンにやりました。でも、ドンは、すぐにそっぽをむいてしまいます。

「ドン、どうしたんだ？

　あっ、そうか、お肉が　大きすぎるのか。」

　けんじは、小刀をもってきて、お肉を　小さく切って　分けてやりました。でも　ドンは、やっぱり口を　つけようとはしませんでした。

お肉《にく》

小刀《こがたな》
分《わ》ける

つぎの日、けんじは、ドンを　散《さん》歩につれて行きました。

野原をぬけ、カンカン岩という　大きな岩のあるところまで　行きました。

ところが、もうだいぶ　歩いているというのに、ドンは、一回も　おしっこをしませんでした。

「どうして　おしっこをしないんだろう。」

けんじは　考えこんでしまいました。

二　ドンがたいへんだ！

―「さてもんだいです。どうして　ドンは　何も食

散歩《さんぽ》　野原《のはら》　岩《いわ》　考《かんが》える　食《た》べる

べなかったのでしょうか？」

先生は、みんなの顔を　じっと見てから、黒ばん
に〈ドンが食べない理由《ゆう》〉と書いて、矢じるしを
つけました。そして、その先に（？）を書きました。

「これまで　食べていたものと　ちがうから？」

「おいしくなかったのかな？」

「家ぞくと　はなれたからじゃないの？」

子どもたちは、先生のしつもんに答えて、口ぐち
に　言いました。

「ごはんを食べなかったら　体が弱ってしまうよ。」

「先生、ドンは　どこから来たの？」

「ドンは　東京から来たんだ。」

顔《かお》　黒《こく》ばん
理由《りゆう》　矢《や》じるし

家《か》ぞく
答《こた》える

弱《よわ》る
来《く》る
東京《とうきょう》

「えっ、東京！」

「どうして、東京から？」

「お父さんが　犬をもらった人がいただろう。その人が　東京からこちらへ　引っこして来たんだけど、そのアパートでは　犬は　かえないことになっていたんだ。」

「ああ、だから、犬をかってくれる人を　さがしていたんだね。」

「うん、その通り。」

「へえ、ドンは　汽車にのって来たの？」

「いや、車で来たんだよ。」

ドンが　東京からやって来たと聞いて、教室は大

引《ひ》っこす
通《とお》り
汽車《きしゃ》
教室《きょうしつ》

さわぎになりました。先生は、子どもたちを　しずかにさせてから言いました。

「ドンは、新しい家に来て、ホームシックに　かかっていたんだな。とっても　心のやさしい犬だったんだ。」

それから　先生は、話のつづきを　はじめました。

―そんな　ドンを見ていると、とうとう　けんじまで　ごはんが食べられなくなりました。

今日は、麦ごはんを　のこしてしまいました。

「あら、どうしたの。半分も　食べてないじゃないの。」

心《こころ》

今日《きょう》　麦《むぎ》

半分《はんぶん》

お母さんは、お米をあらいながら、心ぱいそうに言いました。

ところが、つぎの日、けんじが　ドンのところへ行ってみると、ドンのごはんが　なくなっていました。

「あっ、ドンが　ごはんを食べた！　やった！　お母さん、ドンが　ごはんを食べたよ！」

けんじは、まるで　自分のことのように　よろこびました。そして、いそいで、もう一ぱい　ごはんを作って、ドンにあげました。

「わあ、よかったわ。ホームシックがなおったんだわ。」

お米《こめ》

自分《じぶん》

作《つく》る

お母さんも、ほっと　むねを　なでおろしました。
その後、ドンは、どんどん　元気になっていきました。

けんじは毎日、学校から帰ると　すぐに、ドンを散《さん》歩に　つれて行きました。そして、近くの　ようち園であそんだり、広場で　ドンと　かけっこをしたりし

その後《ご》
毎日《まいにち》
帰《かえ》る
ようち園《えん》
広場《ひろば》

ました。
時間が　ある時は、谷川をこえて　さか道を上り、古いお寺まで　行くこともありました。

　これまでは、ずっと　家の中ですごしていた　けんじが、今では、夕方まで　外で　元気に　あそぶようになったのです。

　秋の　あるばんのこと、けんじが　はずんだ声で言いました。

「お父さん、今日　先生が、ぼくの絵を　みんなの前で　ほめてくれたんだ。」

「ほう、そうか。どんな絵だ？」

「船の絵だよ。図工の時間にかいたんだ。」

時間《じかん》　時《とき》　谷川《たにかわ》

さか道《みち》　古《ふる》い

お寺《てら》

夕方《ゆうがた》

秋《あき》　声《こえ》

絵《え》

前《まえ》

船《ふね》　図工《ずこう》

「わあ、すごいじゃないか。」

「えっ、ほんとなの？　ちょっと見せて。」

台所《どころ》で聞いていた　お母さんも言いました。

けんじは、ちょっとてれながら　船をかいた画用紙を　もってきて、二人に見せました。

「お前、絵の才能《のう》があるんじゃないか！」

お父さんが　うれしそうに言いました。

「すごいわね。ほめられたことを　日記に書きなさいよ。」

お母さんも　にこにこして言いました。

「ぼく、本当は　科学者《しゃ》になりたいんだけどな。」

こう言うと、けんじは、はな歌を　歌いながら　う

台所《だいどころ》
画用紙《がようし》
お前《まえ》　才能《さいのう》
日記《にっき》
科学者《かがくしゃ》
はな歌《うた》　歌《うた》う

ら戸をあけて　ドンのところへ行きました。

「けんじのやつ、このごろ、元気になったなあ。」

「学校でも　活発《ぱっ》になったそうよ。ドンっていう親友ができたからだわ。わたしは、妹がいたから、そうでもなかったけど、やっぱり　一人っ子はさみしいのね。」

二人は、ドンのおかげで、けんじが元気になってきたことを　よろこび合いました。

冬が近くなった　ある日のことでした。今日は、お昼すぎに　学校がおわりました。けんじは、いつもより長く　ドンとあそべると思い、帰り道をいそ

うら戸《ど》

活発《かっぱつ》

親友《しんゆう》

妹《いもうと》

合《あ》う

冬《ふゆ》

お昼《ひる》

長《なが》く

いでいました。

けんじが　家の近くまできた時です。キーという車のブレーキの音がして、けんじは　足を止めました。それと同時に、「キャーン」という　犬の声がしました。

「あっ、ドンだ！　ドンがひかれた！」

かけつけると、ドンが　弓のように体をそらせて道の上に　ころがっていました。そして、うなり声を上げて　ぶるぶるふるえています。

けんじは、頭の中がまっ白になり、その場に　つっ立っていました。

「どうしたの！」

止《と》める
同時《どうじ》
弓《ゆみ》
頭《あたま》
その場《ば》

お母さんが　とび出して来ました。
「まあ、ドン！　だいじょうぶ！」
「車にひかれた。ドンが車にひかれたんだ。」
けんじは、なきながら言いました。

お母さんは、すぐに　お父さんに電話をしました。
「お父さんが帰って来たら、びょういんへつれて行ってくれるわ。それまでがんばるのよ。」

電話《でんわ》

お**母**さんは、ドンの**首**をなでながら　**言**いました。
ドンは　**地**面《めん》によこたわって、じっと　けんじの**顔**を見つめています。**丸**い目が　なみだでぬれているように　見えました。
日が**西**の空に　かたむきかけたころ、やっと　お**父**さんが**帰**って**来**ました。
お**父**さんは、ドンを車にのせて、けんじといっしょに、**市内**にある　どうぶつびょういんへ　むかいました。
じゅういさんは、ドンの足の　レントゲンしゃしんを見ながら、気のどくそうに　**言**いました。
「**太**もものほねが　こなごなになっています。ざん

首《くび》　**地面**《じめん》　**西**《にし》　**市内**《しない》　**太**《ふと》もも

ねんですが、手術《しゅじゅつ》をしても　とてもむりです。」

「ドンは、しんじゃうんですか？」

けんじは、なきながらたずねました。

「いえ、いのちにべつじょうありません。でも、この子は　もう一生　歩くことはできないでしょう。」

それから、ドンは、一日じゅう　小屋《こや》の中で　すごすようになりました。

けんじは、お母さんとそうだんして、鳥の羽の入った　ふわふわのふとんを　小屋《こや》に　しいてやりました。

すると、ドンは　うれしそうに、ふとんに顔をお

羽《はね》

し当てて　ねむりました。
けんじは　毎ばん、ドンの足を　さすってやりました。
あるばん、ふと　空を見上げると、雲のあいまから　星が光って　いるのが　見えました。

　その時、星が一つ　山の方へながれて行きました。
「ドンの足がよ

当《あ》てる
毎《まい》ばん
雲《くも》
星《ほし》　光《ひか》る
山の方《ほう》

くなりますように。」

けんじは、とっさに　星に　おねがいしました。

それから、毎ばん、けんじは　ドンの足をさすりながら、足がよくなるように　星におねがいしました。

三　星のおくりもの

冬がすぎ、やがて　春になりました。小鳥の鳴き声が　よくひびく朝でした。

けんじは、ドンに会ってから　学校へ行こうと思

鳴《な》き声《ごえ》
会《あ》う

い、うら門へまわりました。

その時、けんじは「あっ」と声を上げました。

ドンが　小屋《こや》の外に出ていたのです。

「ドン、　自分で小屋《こや》から出たのか？　うごけるようになったのか？」

けんじは、ドンの茶色の毛を　なでながら言いました。
学校から帰ってみると、ドンは、後ろ足を　かた方上げて、ピョンピョンとぶよ

茶色《ちゃいろ》
後《うし》ろ足
かた方《ほう》

うに　**歩**いていました。
「やっぱり、**歩**けるようになったんだ。」
それから　しばらくして、ドンは、**少**し散《さん》**歩**もできるようになりました。おもしろいことに、おしっこをする**時**、**電**柱《ちゅう》に　**体**をこすりつけながら、さか立をしておしっこをしました。

近所の子どもたちも、**毎**日のようにやって**来**て、じゅん**番**に**交**たいでロープをもっ

少し《すこ》
電柱《でんちゅう》
近所《きんじょ》
じゅん**番**《ばん》
交《こう》たい

て　散歩《さん》をしました。
けんじは、毎日が　ますます楽しくなりました。
そのうち、ドンは　だんだん、遠くまで　歩ける
ようになりました。
ある日曜日の　午後のことでした。いつものよう
にドンの散歩《さん》をしていると、とつぜん、ドンが走り
出したのです。四つ角をまがり、北の方にある　公
園へむかって、ドンは、いきおいよく　走りました。
「わあ、ドンが走った！」
けんじも子どもたちも　かん声を上げました。
―「先生、ドンの足が　直ったんだね。」

楽《たの》しい　遠《とお》く　午後《ごご》　走《はし》る　角《かど》　北《きた》　公園《こうえん》　かん声《せい》　直《なお》る

「でも、じゅういさんは、ぜったい歩けないって言ってたのに、どうして直ったの？」

「それは、先生にも　わからないんだ。」

「星に　おねがいしたからじゃない？」

「そうかもしれないな。」

「ぼくも、ドンみたいな犬がほしいな。先生、犬って、ペットショップで売ってるの？　何万円くらい？」

「さあ、どれくらいかな。」

「先生、けんじって　先生のことでしょう。」

「うん、そうだよ。」

「先生、一人っ子？」

売《う》る　何万《なんまん》

「そうなんだ。先生のお父さんは　三人兄弟。お母さんは、五人姉妹なんだけどね。」

「わあ、すごいね。」

「むかしは、家ぞくが　多かったんだ。その上、お母さんの里なんて、牛もかっていたんだよ。」

「馬はかってなかったの？」

「あははは、馬はいないよ。」

「先生、ドンは、それからどうなったの？」

「うん。ふしぎなことに、ドンの足は、けがをしたのがうそみたいに　直ってしまった。そして、とっても長生きしたんだ。」

「どれくらい？」

兄弟《きょうだい》
姉妹《しまい》
里《さと》
牛《うし》
馬《うま》

先生は、ちょっと　頭で計算してから　言いました。

「人間なら　九十才くらいだな。」

「へえ、すごい。先生、よかったね。」

子どもたちは、にっこりして言いました。

計算《けいさん》

九十才《さい》

♪だい2ステップ

漢字《かんじ》の「よみ」をたしかめよう！

　このステップでは、おはなしに出てくる漢字のよみかたをおぼえているかをたしかめるステップです。

　下のひらがなをかくしてよんでみましょう。もし、わからない漢字があれば、もう一ど「だい１ステップ」にもどって、その漢字がつかわれている文をくりかえしよみます。それから、また、このステップにもどってください。

高い
雪
晴れ
春
南の風
三組
友だち
国語
犬の話
聞く
思い出す
今すぐ
名前
教える
言う

たかい
ゆき
はれ
はる
みなみのかぜ
さんくみ
ともだち
こくご
いぬのはなし
きく
おもいだす
いますぐ
なまえ
おしえる
いう

読む
絵をかく
外へ出る
色が白い
細い
お父さん
元気
強い
日曜日
近く
池
魚つり
夏休み
二回
海

よむ
えをかく
そとへでる
いろがしろい
ほそい
おとうさん
げんき
つよい
にちようび
ちかく
いけ
さかなつり
なつやすみ
にかい
うみ

行く
お母さん
体
会社
何
お前
本当
知る
買う
同じ
歩く
夜風
明るい
広い
店内

いく
おかあさん
からだ
かいしゃ
なに
おまえ
ほんとう
しる
かう
おなじ
あるく
よかぜ
あかるい
ひろい
てんない

多く
買いもの
店の中
木切れ
朝早く
小鳥
紙とえんぴつ
小屋《こや》の形
点線
数字
書く
切る
組み立てる
その間
黄色

おおく
かいもの
みせのなか
きぎれ
あさはやく
ことり
かみとえんぴつ
こやのかたち
てんせん
すうじ
かく
きる
くみたてる
そのあいだ
きいろ

黒のペンキ
新しい
うら門
つぎの週
やくそく通り
きれいな毛
太い
まん丸
お肉
小刀
分ける
散《さん》歩
野原
大きな岩
考える

くろのペンキ
あたらしい
うらもん
つぎのしゅう
やくそくどおり
きれいなけ
ふとい
まんまる
おにく
こがたな
わける
さんぽ
のはら
おおきないわ
かんがえる

【二】

食べる
顔
黒ばん
理由《ゆう》
矢じるし
家ぞく
答える
弱る
来る
東京
引っこす
その通り
汽車
教室

たべる
かお
こくばん
りゆう
やじるし
かぞく
こたえる
よわる
くる
とうきょう
ひっこす
そのとおり
きしゃ
きょうしつ

やさしい心	やさしいこころ
今日	きょう
麦ごはん	むぎごはん
半分	はんぶん
お米	おこめ
自分	じぶん
作る	つくる
その後	そのご
毎日	まいにち
帰る	かえる
ようち園	ようちえん
広場	ひろば
時間	じかん
その時	そのとき
谷川	たにがわ

さか道	さかみち
古い	ふるい
お寺	おてら
夕方	ゆうがた
秋	あき
はずんだ声	はずんだこえ
みんなの前	みんなのまえ
船の絵	ふねのえ
図工	ずこう
台所《どころ》	だいどころ
画用紙	がようし
才能	さいのう
日記	にっき
科学者	かがくしゃ
はな歌	はなうた

歌う	うたう
うら戸	うらど
活発《ぱつ》	かっぱつ
親友	しんゆう
妹	いもうと
よろこび合う	よろこびあう
冬	ふゆ
お昼	おひる
長く	ながく
止める	とめる
同時	どうじ
弓のよう	ゆみのよう
頭の中	あたまのなか
その場	そのば
電話	でんわ

犬の首
地面《めん》
西
市内
太もも
鳥の羽
おし当てる
毎ばん
雲のあいま
星
光る
山の方
【三】
鳴き声
人に会う

いぬのくび
じめん
にし
しない
ふともも
とりのはね
おしあてる
まいばん
くものあいま
ほし
ひかる
やまのほう
なきごえ
ひとにあう

茶色
後ろ
かた方
少し
電柱《ちゅう》
近所《じょ》
じゅん番
交たい
楽しい
遠く
午後
走る
四つ角
北
公園

ちゃいろ
うしろ
かたほう
すこし
でんちゅう
きんじょ
じゅんばん
こうたい
たのしい
とおく
ごご
はしる
よつかど
きた
こうえん

かん声
けがが直る
売る
何万円
兄弟
姉妹
母の里
牛
馬
計算
九十才

かんせい
けがかなおる
うる
なんまんえん
きょうだい
しまい
ははのさと
うし
うま
けいさん
きゅうじっさい

♪だい3ステップ

漢字の「よみ」「かき」の れんしゅうをしよう！

　このステップでは、おはなしに出てくる漢字のよみかただけでなく、そのほかのよみかたのれんしゅうもします。それから、漢字のかきかたのれんしゅうをします。

　まず、「一グループ」を見てください。おはなしに出てきたじゅんに漢字がならべてあります。なんどもこえに出してよんでください。

　スラスラよめるようになったら、「かき」のれんしゅうをはじめます。かきのじゅんにちゅういして、ていねいになぞってから、右のわくのなかへかきます。

　さいごに、10もじテストをします。はじめは、左のページをみてもよいですが、だんだんみずにかけるようにしてください。そのときは、なるべくノートにかいて、なんどもれんしゅうするほうがよいですね。

「一グループ」ができらた、「二グループ」「三グループ」とすすんでいきましょう。

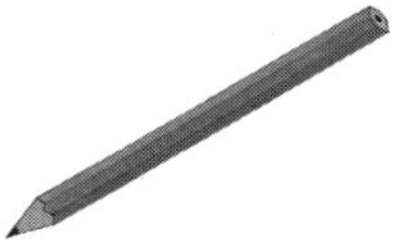

Oグループ

音読
生きもの
正門
気に**入**る
しめり**気**
名人
えだの**先**
町内
小刀
水**中**
草が**生**える
空のバケツ
雨水

おんどく
いきもの
せいもん
きにいる
しめりけ
めいじん
えだのさき
ちょうない
こがたな
すいちゅう
くさがはえる
からのバケツ
あまみず

三**人**組《ぐみ》
大切
下**山**
土地《ち》
学ぶ
一生けんめい
ねずみ**年**
つけ**足**す
虫の**音**
草原
遠**足**

さんにんぐみ
たいせつ
げざん
とち
まなぶ
いっしょうけんめい
ねずみどし
つけたす
むしのね
そうげん
えんそく

一グループ
〔一学期〕

①高い山
高い木
②雪がふる
大雪になる
③晴れた日
晴れのち雨
④春の花
春らしい日
⑤南むき
南口

たかいやま
たかいき
ゆきがふる
おおゆきになる
はれたひ
はれのちあめ
はるのはな
はるらしいひ
みなみむき
みなみぐち

⑥つよい風
春風がふく
⑦三組
三人組
⑧友だち
友のこえ
親友
⑨小さな国
がい国の人
⑩国語の本
えい語

つよいかぜ
はるかぜがふく
さんくみ
さんにんぐみ
ともだち
とものこえ
しんゆう
ちいさなくに
がいこくのひと
こくごのほん
えいご

① たかい
高

② ゆき
雪

③ はれる・はらす
晴

④ はる
春

⑤ みなみ
南

⑥ かぜ
風

⑦ くみ・くむ
組

⑧ ゆう
とも
友

⑨ こく
くに
国

⑩ ご
語

① □《たかい》山
□《たかい》木

② □《ゆき》がふる
大□《ゆき》

③ □《はれた》日
□《はれ》のち雨

④ □《はる》の花
□《はる》らしい日

⑤ □《みなみ》むき
□《みなみ》口

⑥ つよい□《かぜ》
春□《かぜ》

⑦ 三□《くみ》
三人□《ぐみ》

⑧ □《とも》だち
□《とも》のこえ

⑨ 小さな□《くに》
がい□《こく》の人

⑩ 国□《ご》
えい□《ご》

① 高い《たかい》山

高い《たかい》木

② 雪《ゆき》がふる

大雪《ゆき》

③ 晴れた《はれた》日

晴れ《はれ》のち雨

④ 春《はる》の花

春《はる》らしい日

⑤ 南《みなみ》むき

南《みなみ》口

⑥ つよい風《かぜ》

春風《かぜ》

⑦ 三組《くみ》

三人組《ぐみ》

⑧ 友《とも》だち

友《とも》のこえ

⑨ 小さな国《くに》

がい国《こく》の人

⑩ 国語《ご》

えい語《ご》

二グループ 〔一学期〕

①犬の話
話す
会話をする
②聞く
聞きとる
③思う
思い出
④今から行く
今月
⑤名前
前をむく

いぬのはなし
はなす
かいわをする
きく
ききとる
おもう
おもいで
いまからいく
こんげつ
なまえ
まえをむく

午前
⑥教える
教室《しつ》
⑦ものを言う
言いなおす
⑧本を読む
音読する
⑨絵をかく
絵本
⑩いえの外
外がわ
外国
（めがねを）外す

ごぜん
おしえる
きょうしつ
ものをいう
いいなおす
ほんをよむ
おんどくする
えをかく
えほん
いえのそと
そとがわ
がいこく
はずす

きょう おしえる 教	⑥	わ はなす・はなし 話	①
いう 言	⑦	きく・きこえる 聞	②
どく よむ 読	⑧	おもう 思	③
え 絵	⑨	こん いま 今	④
がい そと・はずす 外	⑩	ぜん まえ 前	⑤

①犬の□《はなし》
□《はなす》

②□《きく》
□《ききとる》

③□《おもう》
□《おもい》出

④□《いま》から行く
□《こん》月

⑤名□《まえ》
□《まえ》をむく

⑥□《おしえる》
□《きょう》室《しつ》

⑦ものを□《いう》
□《いいなおす》

⑧本を□《よむ》
音□《どく》する

⑨□《え》をかく
□《え》本

⑩いえの□《そと》
□《そと》がわ

①犬の話《はなし》

話す《はなす》

②聞く《きく》

聞きとる《ききとる》

③思う《おもう》

思い《おもい》出

④今《いま》から行く

今《こん》月

⑤名前《まえ》

前《まえ》をむく

⑥教える《おしえる》

教《きょう》室《しっ》

⑦ものを言う《いう》

言いなおす《いいなおす》

⑧本を読む《よむ》

音読《どく》する

⑨絵《え》をかく

絵《え》本

⑩いえの外《そと》

外《そと》がわ

三グループ
〔一学期〕

①**赤色**
色紙

②**細**い糸
細い道

③お**父**さん
父の手

④**元**気
足**元**

⑤**強**い風
強い力

あかいろ
いろがみ
ほそいいと
ほそいみち
おとうさん
ちちのて
げんき
あしもと
つよいかぜ
つよいちから

⑥日**曜**日
水**曜**日

⑦いえが**近**い
目を**近**づける

⑧**池**
池のこい

⑨**魚**つり
小さな**魚**
金**魚**

⑩**夏**休み
あつい**夏**

にちようび
すいようび
いえがちかい
めをちかづける
いけ
いけのこい
さかなつり
ちいさなさかな
きんぎょ
なつやすみ
あついなつ

曜《よう》	⑥	色《いろ》	①
近《ちかい》	⑦	細《ほそい》	②
池《いけ》	⑧	父《ちち》	③
魚《ぎょ さかな》	⑨	元《げん もと》	④
夏《なつ》	⑩	強《つよい》	⑤

①
赤□《いろ》
□《いろ》紙

②
□《ほそい》糸
□《ほそい》道

③
お□《とうさん》

□《ちち》の手

④
□《げん》気
足□《もと》

⑤
□《つよい》風
□《つよい》力

⑥
日□《よう》日
水□《よう》日

⑦
□《（いえが）ちかい》
目を□《ちかづける》

⑧
□《いけ》
□《いけ》のこい

⑨
□《さかな》つり
小さな□《さかな》

⑩
□《なつ》休み
あつい□《なつ》

①
赤色《いろ》
色《いろ》紙

②
細い《ほそい》糸
細い《ほそい》道

③
お父さん《とうさん》
父《ちち》の手

④
元《げん》気
足
元《もと》

⑤
強い《つよい》風
強い《つよい》力

⑥
日曜《よう》日
水曜《よう》日

⑦
近い《（いえが）ちかい》
目を近づける《ちかづける》

⑧
池《いけ》
池《いけ》のこい

⑨
魚《さかな》つり
小さな魚《さかな》

⑩
夏《なつ》休み
あつい夏《なつ》

四グループ〔一学期〕

①二回
見回る
②広い海
青い海
③学校へ行く
行をかえる
④お母さん
父と母
⑤体をきたえる
体いく

にかい
みまわる
ひろいうみ
あおいうみ
がっこうへいく
ぎょうをかえる
おかあさん
ちちとはは
からだをきたえる
たいいく

⑥クリスマス会
出会う
⑦会社
社会
⑧何かの音
何回も行く
⑨本当の話
まとに当たる
⑩知っている
知らせる

クリスマスかい
であう
かいしゃ
しゃかい
なにかのおと
なんかいもいく
ほんとうのはなし
まとにあたる
しっている
しらせる

①	かい まわす・まわる	回
②	うみ	海
③	ぎょう いく	行
④	はは	母
⑤	たい からだ	体
⑥	かい あう	会
⑦	しゃ	社
⑧	なに・なん	何
⑨	とう あたる・あてる	当
⑩	しる	知

①二□《かい》見□《まわる》

②広い□《うみ》青い□《うみ》

③学校へ□《いく》

□《ぎょう》をかえる

④お□《かあ》さん　父と□《はは》

⑤□《からだ》をきたえる□《たい》いく

⑥クリスマス□《かい》出□《あう》

⑦会□《しゃ》□《しゃ》会

⑧□《なに》か

□《なん》回

⑨本□《とう》の話　まとに□《あたる》

⑩□《しっている》話□《しらせる》

①二回《かい》

見回る《まわる》

②広い海《うみ》

青い海《うみ》

③学校へ行く《いく》

行《ぎょう》をかえる

④お母《かあ》さん

父と母《はは》

⑤体《からだ》をきたえる

体《たい》いく

⑥クリスマス会《かい》

出会う《あう》

⑦会社《しゃ》

社《しゃ》会

⑧何《なに》か

何《なん》回

⑨本当《とう》の話

まとに当たる《あたる》

⑩知っている《しっている》話

知らせる《しらせる》

五グループ 〔一学期〕

①本を**買**う
買いもの
②**同**じ人
同じ花
③**歩**く
よこ**歩**き
④**夜**風
夜中
夜になる
⑤**明**るい月
空が**明**るい

ほんをかう
かいもの
おなじひと
おなじはな
あるく
よこあるき
よかぜ
よなか
よるになる
あかるいつき
そらがあかるい

夜が**明**ける
⑥**広**い海
広いへや
⑦お**店**
しょう**店**がい
⑧店**内**
内しょにする
⑨人が**多**い
多くの人
⑩木**切**れ
糸を**切**る
大**切**なもの

よがあける
ひろいうみ
ひろいへや
おみせ
しょうてんがい
てんない
ないしょにする
ひとがおおい
おおくのひと
きぎれ
いとをきる
たいせつなもの

ひろい 広	⑥	かう 買	①
てん みせ 店	⑦	おなじ 同	②
ない 内	⑧	あるく 歩	③
おおい 多	⑨	よ・よる 夜	④
せつ きれる ・きる 切	⑩	あかるい ・あける 明	⑤

① 本を□《かう》
□《かいもの》

② □《おなじ》人
□《おなじ》花

③ □《あるく》
よこ□《あるき》

④ □《よ》風
□《よ》中

⑤ □《あかるい》月
空が□《あかるい》

⑥ □《ひろい》海
□《ひろい》へや

⑦ お□《みせ》
しょう□《てん》がい

⑧ 店□《ない》
□《ない》しょ

⑨ 人が□《おおい》
□《おおく》の人

⑩ 木□《ぎれ》
糸を□《きる》

①本を買う《かう》
買いもの《かいもの》
②同じ《おなじ》人
同じ《おなじ》花
③歩く《あるく》

よこ歩き《あるき》
④夜《よ》風
夜《よ》中
⑤明るい《あかるい》月
空が明るい《あかるい》

⑥広い《ひろい》海
広い《ひろい》へや
⑦お店《みせ》
しょう店《てん》がい
⑧店内《ない》

内《ない》しょ
⑨人が多い《おおい》
多く《おおく》の人
⑩木切れ《ぎれ》
糸を切る《きる》

六グループ〔一学期〕

①朝になる
朝おきる
②小鳥
鳥がなく
③紙しばい
手紙
画用紙
④まるい形
形をかえる
人形
⑤丸と点
百点をとる

あさになる
あさおきる
ことり
とりがなく
かみしばい
てがみ
がようし
まるいかたち
かたちをかえる
にんぎょう
まるとてん
ひゃくてんをとる

⑥線をひく
点線
⑦数字
数を数える
算数
⑧字を書く
書きとめる
図書館《かん》
⑨その間
一週間
人間
⑩黄色
たまごの黄み

せんをひく
てんせん
すうじ
かずをかぞえる
さんすう
じをかく
かきとめる
としょかん
そのあいだ
いっしゅうかん
にんげん
きいろ
たまごのきみ

せん 線	⑥		あさ 朝	①	
すう かず・かぞえる 数	⑦		とり 鳥	②	
しょ かく 書	⑧		し かみ 紙	③	
かん・けん あいだ 間	⑨		ぎょう かたち 形	④	
き 黄	⑩		てん 点	⑤	

①□《あさ》になる
□《あさ》おきる

②小□《とり》
□《とり》がなく

③□《かみ》しばい

手□《がみ》

④まるい□《かたち》
□《かたち》をかえる

⑤丸と□《てん》
百□《てん》をとる

⑥□《せん》をひく
点□《せん》

⑦□《すう》字
□《かぞえる》

⑧□《(字を)かく》

□《かきとめる》

⑨その□《あいだ》
一週□《かん》

⑩□《き》色
たまごの□《き》み

① 朝《あさ》になる

朝《あさ》おきる

② 小鳥《とり》

鳥《とり》がなく

③ 紙《かみ》しばい

手紙《がみ》

④ まるい形《かたち》

形《かたち》をかえる

⑤ 丸と点《てん》

百点《てん》をとる

⑥ 線《せん》をひく

点線《せん》

⑦ 数《すう》字

数える《かぞえる》

⑧ （字を）書く《かく》

書きとめる《かきとめる》

⑨ その間《あいだ》

一週間《かん》

⑩ 黄《き》色

たまごの黄《き》み

七グループ

〔一学期〕

①黒いねこ
黒土
黒板《ばん》
②新しい本
新しいふく
③うら門
正門
④今週
一週間
⑤やくそく通り

くろいねこ
くろつち
こくばん
あたらしいほん
あたらしいふく
うらもん
せいもん
こんしゅう
いっしゅうかん
やくそくどおり

通りすがり
糸を通す
⑥きれいな毛
わた毛
⑦太い足
犬が太る
⑧丸い目
丸つけ
⑨お肉
ぶた肉
⑩小刀
むかしの刀

とおりすがり
いとをとおす
きれいなけ
わたげ
ふといあし
いぬがふとる
まるいめ
まるつけ
おにく
ぶたにく
こがたな
むかしのかたな

け 毛	⑥	こく くろ・くろい 黒	①
ふとい・ふとる 太	⑦	あたらしい 新	②
まる・まるい・まるめる 丸	⑧	もん 門	③
にく 肉	⑨	しゅう 週	④
かたな（がたな） 刀	⑩	とおる・とおす 通	⑤

①□《くろ》いねこ　□《くろ》土

②□《あたらしい》本　□《あたらしい》ふく

③うら□《もん》　正□《もん》

④今□《しゅう》　一□《しゅう》間

⑤やくそく□《どおり》　糸を□《とおす》

⑥きれいな□《け》　わた□《げ》

⑦□《ふとい》足　犬が□《ふとる》

⑧□《まるい》目　□《まる》つけ

⑨お□《にく》　ぶた□《にく》

⑩小□《がたな》　むかしの□《かたな》

①黒《くろ》いねこ

黒《くろ》土

②新《あたら》しい本

新《あたら》しいふく

③うら門《もん》

正門《もん》

④今週《しゅう》

一週《しゅう》間

⑤やくそく通《どお》り

糸を通《とお》す

⑥きれいな毛《け》

わた毛《げ》

⑦太《ふと》い足

犬が太《ふと》る

⑧丸《まる》い目

丸《まる》つけ

⑨お肉《にく》

ぶた肉《にく》

⑩小刀《がたな》

むかしの刀《かたな》

八グループ 〔一・二学期〕

①パンを**分**ける
半**分**
五**分**間
②**野**原
野さい
③**原**っぱ
高**原**
草**原**
④大きな**岩**
岩山
⑤**考**える人

パンをわける
はんぶん
ごふんかん
のはら
やさい
はらっぱ
こうげん
そうげん
おおきないわ
いわやま
かんがえるひと

考えごと
⑥**食**べる
めしを**食**う
⑦**顔**をあらう
顔のむき
⑧**理**由《ゆう》
理科
⑨**矢**じるし
弓**矢**
⑩**家**へ帰る
家来

かんがえごと
たべる
めしをくう
かおをあらう
かおのむき
りゆう
りか
やじるし
ゆみや
いえへかえる
けらい

番号	読み	漢字
①	ぶん わける	分
②	や の	野
③	げん はら	原
④	いわ	岩
⑤	かんがえる	考
⑥	たべる・くう	食
⑦	かお	顔
⑧	り	理
⑨	や	矢
⑩	け いえ	家

①パンを□《わける》　半□《ぶん》

②□《の》原　□《や》さい

③□《はら》っぱ　高□《げん》

④大きな□《いわ》　□《いわ》山

⑤□《かんがえる》人　□《かんがえ》ごと

⑥□《たべる》　めしを□《くう》

⑦□《かお》をあらう　□《かお》のむき

⑧□《り》由　□《り》科

⑨□《や》じるし　弓□《や》

⑩□《いえ》へ帰る　□《け》来

①パンを分ける《わける》

半分《ぶん》

②野《の》原

野《や》さい

③原《はら》っぱ

高原《げん》

④大きな岩《いわ》

岩《いわ》山

⑤考える《かんがえる》人

考え《かんがえ》ごと

⑥食べる《たべる》

めしを食う《くう》

⑦顔《かお》をあらう

顔《かお》のむき

⑧理《り》由

理《り》科

⑨矢《や》じるし

弓矢《や》

⑩家《いえ》へ帰る

家《け》来

九グループ

〔二学期〕

①といに**答**える
答えを言う
②**弱**い雨
体が**弱**る
③人が**来**る
来年
④**東**西
東日本
⑤東**京**
京都《と》

といにこたえる
こたえをいう
よわいあめ
からだがよわる
ひとがくる
らいねん
とうざい
ひがしにほん
とうきょう
きょうと

⑥つなを**引**く
引き算
⑦**汽**車
汽船
⑧教**室**
校長**室**
⑨円の中**心**
心をこめる
⑩**麦**ごはん
小**麦**

つなをひく
ひきざん
きしゃ
きせん
きょうしつ
こうちょうしつ
えんのちゅうしん
こころをこめる
むぎごはん
こむぎ

ひく・ひける 引	⑥	こたえる・こたえ 答	①
き 汽	⑦	よわい・よわる 弱	②
しつ 室	⑧	らい くる 来	③
しん こころ 心	⑨	とう ひがし 東	④
むぎ 麦	⑩	きょう 京	⑤

① □《こたえる》

□《こたえ》を言う

② □《よわい》雨

体が□《よわる》

③ 人が□《くる》

□《らい》年

④ □《とう》西

□《ひがし》日本

⑤ 東□《きょう》

□《きょう》都《と》

⑥ つなを□《ひく》

□《ひき》算

⑦ □《き》車

□《き》船

⑧ 教□《しつ》

校長□《しつ》

⑨ 円の中□《しん》

□《こころ》をこめる

⑩ □《むぎ》ごはん

小□《むぎ》

① 答える《こたえる》

答え《こたえ》を言う

② 弱い《よわい》雨

体が弱る《よわる》

③ 人が来る《くる》

来《らい》年

④ 東《とう》西

東《ひがし》日本

⑤ 東京《きょう》

京《きょう》都《と》

⑥ つなを引く《ひく》

引き《ひき》算

⑦ 汽《き》車

汽《き》船

⑧ 教室《しつ》

校長室《しつ》

⑨ 円の中心《しん》

心《こころ》をこめる

⑩ 麦《むぎ》ごはん

小麦《むぎ》

十グループ

〔二学期〕

①半分
半紙
②お米
米つぶ
③自分
自しんがある
④作る
作文を書く
⑤その後
後から行く
後ろの人

はんぶん
はんし
おこめ
こめつぶ
じぶん
じしんがある
つくる
さくぶんをかく
そのご
あとからいく
うしろのひと

午後
⑥毎日
毎朝
⑦家へ帰る
帰り道
⑧ようち園
どうぶつ園
⑨広場
立場
⑩時間
かなしい時

ごご
まいにち
まいあさ
いえへかえる
かえりみち
ようちえん
どうぶつえん
ひろば
たちば
じかん
かなしいとき

①	はん	半
②	こめ	米
③	じ	自
④	さく つくる	作
⑤	ご あと・うしろ	後
⑥	まい	毎
⑦	かえる	帰
⑧	えん	園
⑨	ば	場
⑩	じ とき	時

①□《はん》分　□《はん》紙

②お□《こめ》　□《こめ》つぶ

③□《じ》分　□《じ》しんがある

④□《つくる》　□《さく》文を書く

⑤その□《ご》　□《うしろ》の人

⑥□《まい》日　□《まい》朝

⑦家へ□《かえる》　□《かえり》道

⑧ようち□《えん》　どうぶつ□《えん》

⑨広□《ば》　立□《ば》

⑩□《じ》間　かなしい□《とき》

①
半《はん》分
半《はん》紙

②
お米《こめ》
米《こめ》つぶ

③
自《じ》分
自《じ》しんがある

④
作る《つくる》
作《さく》文を書く

⑤
その後《ご》
後ろ《うしろ》の人

⑥
毎《まい》日
毎《まい》朝

⑦
家へ帰る《かえる》
帰り《かえり》道

⑧
ようち園《えん》
どうぶつ園《えん》

⑨
広場《ば》
立場《ば》

⑩
時《じ》間
かなしい時《とき》

十一グループ〔二学期〕

①**谷**川
谷ぞこ
②さか**道**
近**道**
③**古**い本
古い家
④お**寺**
山**寺**
⑤夕**方**
話し**方**
前の**方**

たにがわ
たにぞこ
さかみち
ちかみち
ふるいほん
ふるいいえ
おてら
やまでら
ゆうがた
はなしかた
まえのほう

⑥**秋**まつり
秋晴れ
⑦大きな**声**
鳴き**声**
⑧**船**にのる
船たび
⑨**図**書かん
地**図**
⑩図**工**
工作

あきまつり
あきばれ
おおきなこえ
なきごえ
ふねにのる
ふなたび
としょかん
ちず
ずこう
こうさく

①	たに	谷
②	みち	道
③	ふるい	古
④	てら	寺
⑤	ほう かた(がた)	方
⑥	あき	秋
⑦	こえ	声
⑧	ふね	船
⑨	ず・と	図
⑩	こう・く	工

① □《たに》川　□《たに》ぞこ

② さか□《みち》　近□《みち》

③ □《ふるい》本　□《ふるい》家

④ お□《てら》　山□《でら》

⑤ 夕□《がた》　話し□《かた》

⑥ □《あき》まつり　□《あき》晴れ

⑦ 大きな□《こえ》　鳴き□《ごえ》

⑧ □《ふね》にのる　□《ふな》たび

⑨ □《と》書かん　地□《ず》

⑩ 図□《こう》　□《こう》作

①
谷《たに》川
谷《たに》ぞこ

②
さか道《みち》
近道《みち》

③
古い《ふるい》本
古い《ふるい》家

④
お寺《てら》
山寺《でら》

⑤
夕方《がた》
話し方《かた》

⑥
秋《あき》まつり
秋《あき》晴れ

⑦
大きな声《こえ》
鳴き声《ごえ》

⑧
船《ふね》にのる
船《ふな》たび

⑨
図《と》書かん
地図《ず》

⑩
図工《こう》
工《こう》作

十二グループ 〔二学期〕

①台所《どころ》
台の上
②図画
計画
③画用紙
用心する
④天才
才のう
九十才
⑤日記
記入

だいどころ
だいのうえ
ずが
けいかく
がようし
ようじんする
てんさい
さいのう
きゅうじっさい
にっき
きにゅう

⑥科学者
教科書
⑦はな歌
歌を歌う
⑧うら戸
戸をたたく
⑨活発《ぱつ》
生活科
⑩親友
親子

かがくしゃ
きょうかしょ
はなうた
うたをうたう
うらど
とをたたく
かっぱつ
せいかつか
しんゆう
おやこ

①	だい	台
②	が・かく	画
③	よう	用
④	さい	才
⑤	き	記
⑥	か	科
⑦	うた・うたう	歌
⑧	と(ど)	戸
⑨	かつ	活
⑩	しん おや	親

①
□《だい》所《どころ》
□《だい》の上

②
図□《が》
計□《かく》

③
画□《よう》紙
□《よう》心する

④
天□《さい》
□《さい》のう

⑤
日□《き》
□《き》入

⑥
□《か》学者
教□《か》書

⑦
はな□《うた》
（うたを）□《うたう》

⑧
うら□《ど》
□《と》をたたく

⑨
□《かっ》発《ばっ》
生□《かつ》科

⑩
□《しん》友
□《おや》子

①台《だい》所《どころ》

台《だい》の上

②図画《が》

計画《かく》

③画用《よう》紙

用《よう》心する

④天才《さい》

才《さい》のう

⑤日記《き》

記《き》入

⑥科《か》学者

教科《か》書

⑦はな歌《うた》

(うたを)歌う《うたう》

⑧うら戸《ど》

戸《と》をたたく

⑨活《かっ》発《ぱっ》

生活《かつ》科

⑩親《しん》友

親《おや》子

十三グループ

〔二学期〕

①兄と**妹**

妹思い

②出し**合**う

合しょう

合体

③**冬**休み

冬もの

④お**昼**すぎ

昼ごはん

⑤**長**い毛

校**長**先生

あにといもうと

いもうとおもい

だしあう

がっしょう

がったい

ふゆやすみ

ふゆもの

おひるすぎ

ひるごはん

ながいけ

こうちょうせんせい

⑥いきを**止**める

立ち**止**まる

⑦**弓**なり

弓矢

⑧**頭**をかく

先**頭**

（牛が）二**頭**

⑨**電**話

電気

⑩**首**にまく

首をたれる

いきをとめる

たちどまる

ゆみなり

ゆみや

あたまをかく

せんとう

にとう

でんわ

でんき

くびにまく

くびをたれる

番号	読み	漢字
①	いもうと	妹
②	がっ あう	合
③	ふゆ	冬
④	ひる	昼
⑤	ちょう ながい	長
⑥	とまる（どまる）	止
⑦	ゆみ	弓
⑧	とう あたま	頭
⑨	でん	電
⑩	くび	首

①兄と□《いもうと》 □《いもうと》思い

②出し□《あう》 □《がっ》しょう

③□《ふゆ》休み □《ふゆ》もの

④お□《ひる》すぎ □《ひる》ごはん

⑤□《ながい》毛 校□《ちょう》先生

⑥いきを□《とめる》 立ち□《どまる》

⑦□《ゆみ》なり □《ゆみ》矢

⑧□《あたま》をかく 先□《とう》

⑨□《でん》話 □《でん》気

⑩□《くび》にまく □《くび》をたれる

①兄と妹《いもうと》

妹《いもうと》思い

②出し合う《あう》

合《がっ》しょう

③冬《ふゆ》休み

冬《ふゆ》もの

④お昼《ひる》すぎ

昼《ひる》ごはん

⑤長い《ながい》毛

校長《ちょう》先生

⑥いきを止める《とめる》

立ち止まる《どまる》

⑦弓《ゆみ》なり

弓《ゆみ》矢

⑧頭《あたま》をかく

先頭《とう》

⑨電《でん》話

電《でん》気

⑩首《くび》にまく

首《くび》をたれる

十四グループ 〔二・三学期〕

①**地**面《めん》
土**地**
②**西**日
西の空
③**市**内
市場
④とんぼの**羽**
羽音
羽子板《いた》
⑤**雲**の上
雨**雲**

じめん
とち
にしび
にしのそら
しない
いちば
とんぼのはね
はおと
はごいた
くものうえ
あまぐも

⑥**星**が出る
一番**星**
⑦星の**光**
星が**光**る
〔三学期〕
⑧**鳴**き声
鳥が**鳴**く
⑨**茶**色
お**茶**
⑩**少**しずつ
少年

ほしがでる
いちばんぼし
ほしのひかり
ほしがひかる
なきごえ
とりがなく
ちゃいろ
おちゃ
すこしずつ
しょうねん

ほし 星	⑥	ち・じ 地	①
ひかり・ひかる 光	⑦	にし 西	②
なく 鳴	⑧	し いち 市	③
ちゃ 茶	⑨	は・はね 羽	④
しょう すこし 少	⑩	くも 雲	⑤

① □《じ》面《めん》　土□《ち》

② □《にし》日　□《にし》の空

③ □《し》内　□《いち》場

④ とんぼの□《はね》　□《は》音

⑤ □《くも》の上　雨□《ぐも》

⑥ □《ほし》が出る　一番□《ぼし》

⑦ 星の□《ひかり》　星が□《ひかる》

⑧ □《なき》声　鳥が□《なく》

⑨ □《ちゃ》色　お□《ちゃ》

⑩ □《すこし》ずつ　□《しょう》年

①
地《じ》面《めん》

土地《ち》

②
西《にし》日

西《にし》の空

③
市《し》内

市《いち》場

④
とんぼの羽《はね》

羽《は》音

⑤
雲《くも》の上

雨雲《ぐも》

⑥
星《ほし》が出る

一番星《ぼし》

⑦
星の光《ひかり》

星が光《ひか》る

⑧
鳴《な》き声

鳥が鳴《な》く

⑨
茶《ちゃ》色

お茶《ちゃ》

⑩
少《すこ》しずつ

少《しょう》年

十五グループ
〔三学期〕

①じゅん番
当番
②交代《たい》
交番
③楽しい
音楽
④遠くの町
遠足
⑤午前
午後

じゅんばん
とうばん
こうたい
こうばん
たのしい
おんがく
とおくのまち
えんそく
ごぜん
ごご

⑥走る
走り書き
⑦四つ角
四角
⑧北の方
北風
⑨公園
主人公《しゅじん》
⑩けがが直る
読み直す

はしる
はしりがき
よつかど
しかく
きたのほう
きたかぜ
こうえん
しゅじんこう
けがなおる
よみなおす

①	ばん	番	
②	こう	交	
③	がく たのしい	楽	
④	えん とおい	遠	
⑤	ご	午	
⑥	はしる	走	
⑦	かく かど	角	
⑧	きた	北	
⑨	こう	公	
⑩	なおす ・なおる	直	

①じゅん□《ばん》

当□《ばん》

②□《こう》代《たい》

□《こう》番

③□《たのしい》

音□《がく》

④□《とおく》の町

□《えん》足

⑤□《ご》前

□《ご》後

⑥□《はしる》

□《はしり》書き

⑦四つ□《かど》

四□《かく》

⑧□《きた》の方

□《きた》風

⑨□《こう》園

主人《しゅじん》□《こう》

⑩けがが□《なおる》

読み□《なおす》

① じゅん番《ばん》
当番《ばん》

② 交《こう》代《たい》
交《こう》番

③ 楽しい《たのしい》
音楽《がく》

④ 遠く《とおく》の町
遠《えん》足

⑤ 午《ご》前
午《ご》後

⑥ 走る《はしる》
走り《はしり》書き

⑦ 四つ角《かど》
四角《かく》

⑧ 北《きた》の方
北《きた》風

⑨ 公《こう》園
主人《しゅじん》公《こう》

⑩ けがが直る《なおる》
読み直す《なおす》

十六グループ

〔三学期〕

①**売**る
売り上げ
②一**万**円
万一
③**兄**の番
兄弟
④兄と**弟**
兄**弟**げんか
⑤**姉**と妹
姉の本

うる
うりあげ
いちまんえん
まんいち
あにのばん
きょうだい
あにとおとうと
きょうだいげんか
あねといもうと
あねのほん

⑥母の**里**
里いも
⑦**牛**をかう
子**牛**
⑧牛や**馬**
けい**馬**
⑨**計**画
合**計**
⑩計**算**
算数

はははのさと
さといも
うしをかう
こうし
うしやうま
けいば
けいかく
ごうけい
けいさん
さんすう

番号	読み	漢字
①	うる	売
②	まん	万
③	きょう あに	兄
④	だい おとうと	弟
⑤	あね	姉
⑥	さと	里
⑦	うし	牛
⑧	ば うま	馬
⑨	けい	計
⑩	さん	算

①□《うる》
□《うり》上げ

②一□《まん》円
□《まん》一

③□《あに》の番

□《きょう》弟

④兄と□《おとうと》
兄□《だい》げんか

⑤妹と□《あね》
□《あね》の本

⑥母の□《さと》
□《さと》いも

⑦□《うし》をかう
子□《うし》

⑧牛や□《うま》

けい□《ば》

⑨□《けい》画
合□《けい》

⑩計□《さん》
□《さん》数

① 売《う》る　売《う》り上げ

② 一万《まん》円　万《まん》一

③ 兄《あに》の番　兄《きょう》弟

④ 兄と弟《おとうと》　兄弟《だい》げんか

⑤ 妹と姉《あね》　姉《あね》の本

⑥ 母の里《さと》　里《さと》いも

⑦ 牛《うし》をかう　子牛《うし》

⑧ 牛や馬《うま》　けい馬《ば》

⑨ 計《けい》画　合計《けい》

⑩ 計算《さん》　算《さん》数

◘著者紹介

井上 憲雄（いのうえ のりお）

1957 年、兵庫県美方郡香美町に生まれる。
1981 年、関西学院大学文学部卒業。
2005 年、聖徳大学大学院児童学研究科博士前期課程を修了。
この間、兵庫県内の小学校で 32 年間教職につく。

著書
『学校・家庭・地域で「育てる」学力』（桐書房 2004 年）、『輝け！ 12 歳 希望への挑戦』（本の泉社 2007 年）、『小学校学習漢字 1006 字がすべて読める漢字童話』（本の泉社 2009 年）、『中学校学習漢字 939 字がすべて読める漢字童話』（本の泉社 2009 年）、『小学校学習漢字 1006 字がすべて書ける漢字童話　ドリル版 1、2、3 年生用』（本の泉社 2010 年）、『小学校学習漢字 1006 字がすべて書ける漢字童話　ドリル版 4、5、6 年生用』（本の泉社 2010 年）、『新常用漢字 1130 字がすべて読める中・高校生の漢字童話　貧乏神は福の神』（本の泉社 2011 年）など。

学年別《がくねんべつ》 漢字童話《かんじどうわ》シリーズ2　楽《たの》しく読《よ》んでスラスラおぼえる

2年生《ねんせい》の漢字童話《かんじどうわ》　星《ほし》のおくりもの

2014 年 4 月 26 日　初版第 1 刷発行
2015 年 11 月 19 日　初版第 2 刷発行

著　者●井上《いのうえ》 憲雄《のりお》
発行者●比留川 洋
発行所●株式会社 本の泉社
〒 113-0033　東京都文京区本郷 2-25-6
TEL：03-5800-8494　FAX：03-5800-5353
http://www.honnoizumi.co.jp
印　刷●亜細亜印刷株式会社
製　本●亜細亜印刷株式会社

ISBN978-4-7807-1136-3 C6037